Milet
Picture
Dictionary
English·German

Milet Publishing, LLC
333 North Michigan Avenue
Suite 530
Chicago,IL 60601
Email info@milet.com
Website www.milet.com

First published by Milet Publishing Ltd in 2003

Text © Sedat Turhan 2003
Illustrations © Sally Hagin 2003
© Milet Publishing, 2013

ISBN 9781840593532

Printed in China

Milet Picture Dictionary
English·German

Text by **Sedat Turhan**

Illustrations by **Sally Hagin**

COLOURS/COLORS
DIE FARBEN

red
rot

orange
orange

yellow
gelb

green
grün

blue
blau

purple
lila

grey
grau

pink
rosa

black
schwarz

white
weiß

PLANTS
DIE PFLANZEN

tree
der Baum

orchid
die Orchidee

rose
die Rose

sunflower
die Sonnenblume

daisy
das Gänse-
blümchen

tulip
die Tulpe

grass
das Gras

lily
die Lilie

branch
der Ast

leaf
das Blatt

daffodil
die gelbe Narzisse /
die Osterglocke

watering can
die Gießkanne

cactus
der Kaktus

plant pot
der Blumentopf

FRUIT
DAS OBST

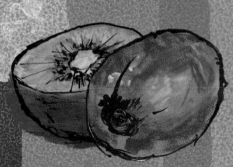

kiwi
die Kiwifrucht

cherry
die Kirsche

apricot
die Aprikose

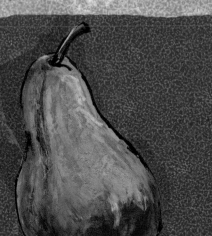

pear
die Birne

fig
die Feige

strawberry
die Erdbeere

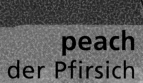

peach
der Pfirsich

banana
die Banane

mango
die Mango

orange
die Apfelsine

apple
der Apfel

blueberry
die Blaubeere /
die Heidelbeere

lemon
die Zitrone

avocado
die Avocado

grapes
die Weintrauben

raspberry
die Himbeere

grapefruit
die Pampelmuse

pineapple
die Ananas

ANIMALS
DIE TIERE

lion
der Löwe

zebra
das Zebra

tiger
der Tiger

giraffe
die Giraffe

elephant
der Elefant

penguin
der Pinguin

duck
die Ente

polar bear
der Eisbär

cow
die Kuh

rooster
der Hahn

sheep
das Schaf

goat
die Ziege

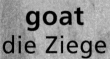

horse
das Pferd

ANIMALS & INSECTS
DIE TIERE & INSEKTEN

bird
der Vogel

dog
der Hund

cat
die Katze

rabbit
das Kaninchen

frog
der Frosch

crab
die Krabbe

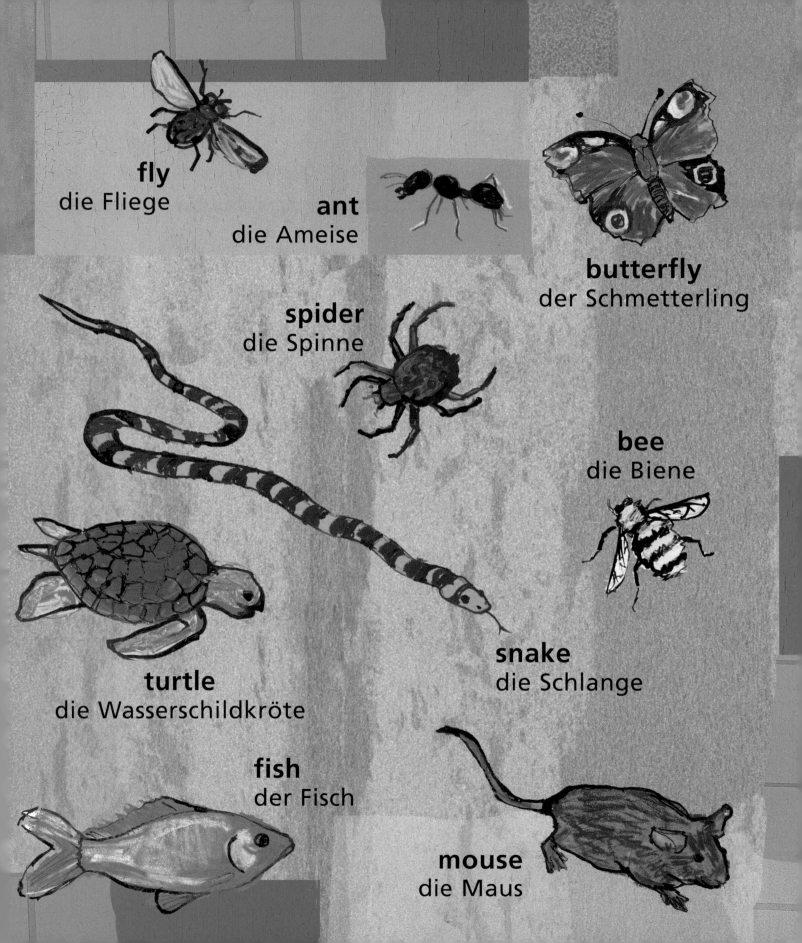

fly
die Fliege

ant
die Ameise

butterfly
der Schmetterling

spider
die Spinne

bee
die Biene

turtle
die Wasserschildkröte

snake
die Schlange

fish
der Fisch

mouse
die Maus

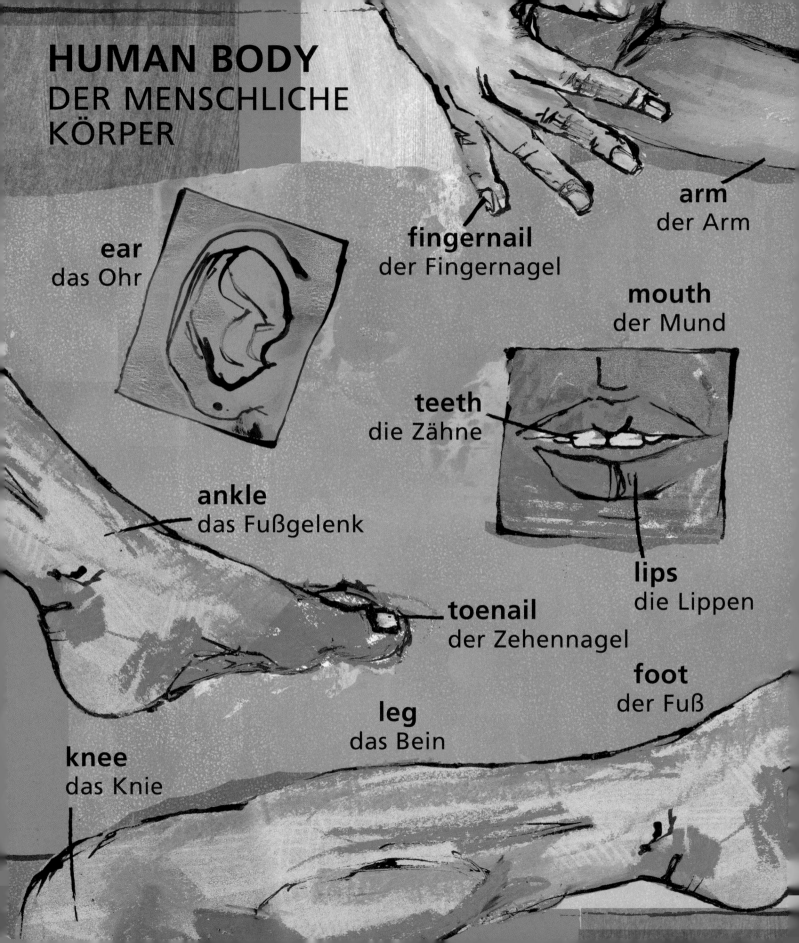

HUMAN BODY
DER MENSCHLICHE KÖRPER

arm
der Arm

ear
das Ohr

fingernail
der Fingernagel

mouth
der Mund

teeth
die Zähne

ankle
das Fußgelenk

lips
die Lippen

toenail
der Zehennagel

foot
der Fuß

leg
das Bein

knee
das Knie

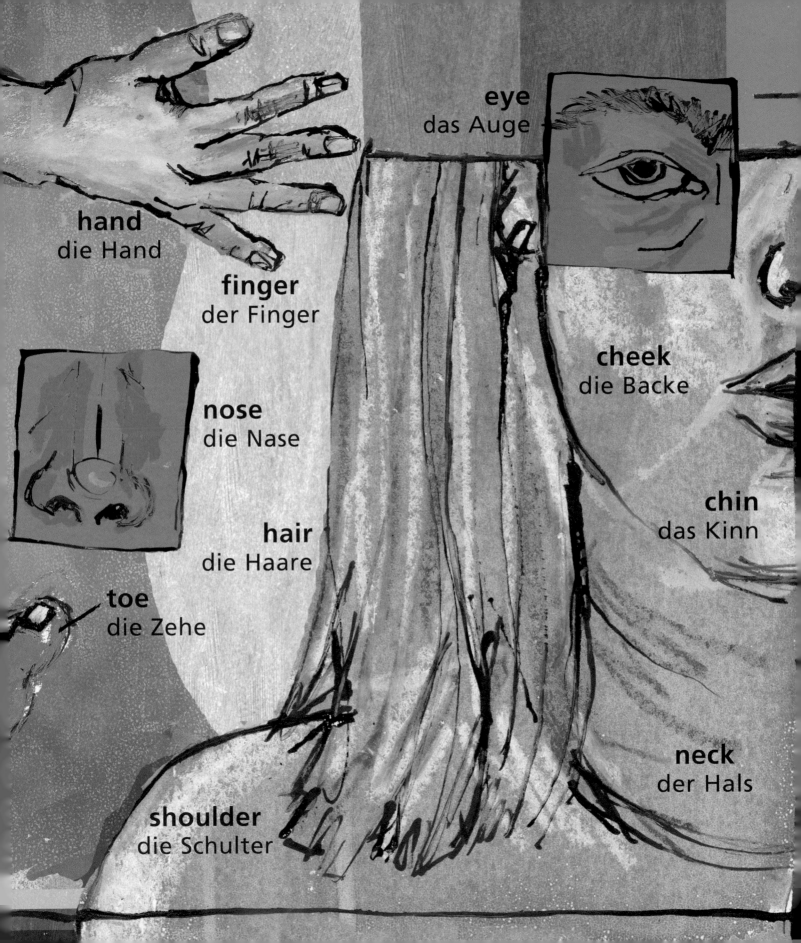

hand
die Hand

finger
der Finger

nose
die Nase

hair
die Haare

toe
die Zehe

shoulder
die Schulter

eye
das Auge

cheek
die Backe

chin
das Kinn

neck
der Hals

HOUSE & LIVING ROOM
DAS HAUS & WOHNZIMMER

roof
das Dach

chimney
der Kamin

house
das Haus

door
die Tür

armchair
der Sessel

key
der Schlüssel

candle
die Kerze

light bulb
die Glühbirne

picture
das Bild

bookshelf
das Bücherregal

cabinet
die Vitrine

window
das Fenster

curtain
die Gardine/
der Vorhang

vase
die Vase

sofa
das Sofa

lamp
die Lampe

side table
der Beistelltisch

KITCHEN
DIE KÜCHE

bowl
die Schüssel

glass
das Glas

refrigerator
der Kühlschrank

plate
der Teller

napkin
die Serviette

teapot
die Teekanne

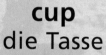

cup
die Tasse

table
der Tisch

chair
der Stuhl

spoon
der Löffel

knife
das Messer

fork
die Gabel

frying pan
die Bratpfanne

saucepan
der Topf

oven mitt
der Topfhandschuh

dishcloth
das Spültuch

toaster
der Toaster

stove
der Herd

sink
das Spülbecken

oven
der Ofen

VEGETABLES
DAS GEMÜSE

potato
die Kartoffel

green bean
die grüne Bohne

mushroom
der Pilz

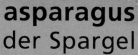

asparagus
der Spargel

carrot
die Karotte

onion
die Zwiebel

pumpkin
der Kürbis

peas
die Erbsen

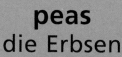

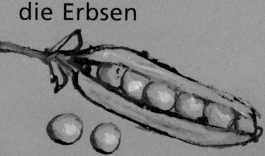

okra
der Eibisch

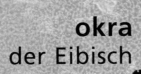

tomato
die Tomate

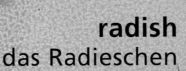

broccoli
der Brokkoli

radish
das Radieschen

garlic
der Knoblauch

corn
der Mais

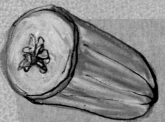

cucumber
die Schlangengurke

pepper
die Paprika

cauliflower
der Blumenkohl

cabbage
der Kohl

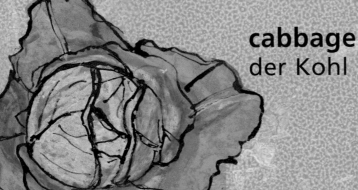

FOOD
DIE LEBENSMITTEL

sandwich
das Butterbrot

bread
das Brot

cheese
der Käse

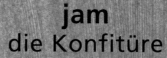

milk
die Milch

butter
die Butter

jam
die Konfitüre

egg
das Ei

honey
der Honig

cereal
die Getreide-
flocken

raisins
die Rosinen

oil
das Öl

fries
die Pommes frites

spaghetti
die Spaghetti

fruit juice
der Obstsaft

chocolate
die Schokolade

cake
der Kuchen

ice cream
das Speiseeis

BATHROOM
DAS BADEZIMMER

mirror
der Spiegel

towel
das Handtuch

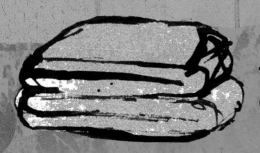

sink
das Waschbecken

toilet paper
das Toilettenpapier

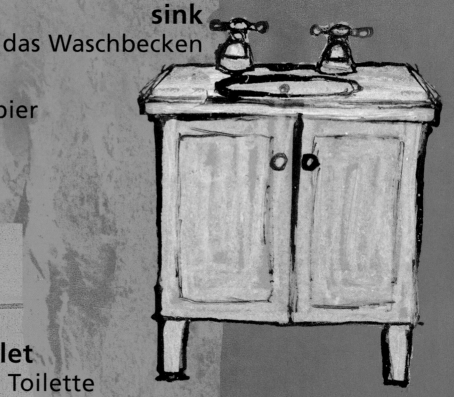

toilet
die Toilette

bathroom cabinet
der Badezimmerschrank

potty
das Töpfchen

hairbrush
die Haarbürste

hairdryer
der Föhn

shower
die Dusche

comb
der Kamm

toothpaste
die Zahnpasta

shampoo
das Schampoo

conditioner
die Spülung

toothbrush
die Zahnbürste

soap
die Seife

bathtub
die Badewanne

BEDROOM
DAS SCHLAFZIMMER

bed
das Bett

alarm clock
der Wecker

bedside table
der Nachttisch

hanger
der Kleiderbügel

rug
der Teppich

wardrobe
der Kleiderschrank

pillow
das Kopfkissen

bed cover
die Bettdecke

sheet
das Betttuch

blanket
die Decke

CLOTHING
DIE KLEIDUNG

umbrella
der Schirm

button
der Knopf

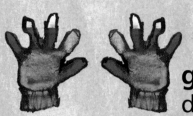

gloves
die Handschuhe

glasses
die Brille

boxer shorts
die Boxershorts

T-shirt
das T-Shirt

underpants
die Unterhose

hat
der Hut

sweater
der Pullover

jacket
die Jacke

slippers
die Hausschuhe

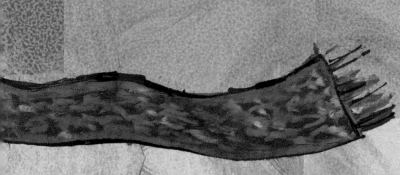

scarf
der Schal

backpack
der Rucksack

skirt
der Rock

shirt
das Hemd

handbag
die Handtasche

socks
die Socken

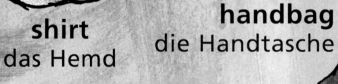

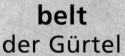

belt
der Gürtel

jeans
die Jeans

shoes
die Schuhe

pyjamas
der Schlafanzug

shorts
die Shorts

COMMUNICATIONS
DIE KOMMUNIKATIONSMITTEL

telephone
das Telefon

television
der Fernsehapparat

DVD player
der DVD-Spieler

video recorder
der Videoapparat

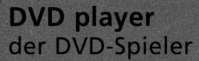

remote control
die Fernbedienung

stereo
das Stereo

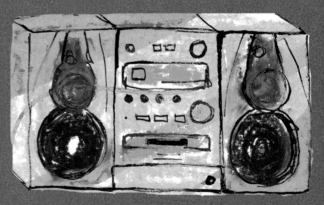

camera
die Kamera

video camera
die Videokamera

TOOLS
DAS WERKZEUG

screwdriver
der Schraubenzieher

screw
die Schraube

saw
die Handsäge

stepladder
die Trittleiter

nail
der Nagel

drill
der Bohrer

hammer
der Hammer

shovel
der Spaten

vacuum cleaner
der Staubsauger

paint
die Farbe

SCHOOL & OFFICE
DIE SCHULE & DAS BÜRO

pencil
der Bleistift

glue stick
der Klebestift

book
das Buch

marker
der Textmarker

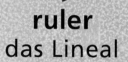

stamp
die Briefmarke

pencil case
das Etui

ruler
das Lineal

pencil sharpener
der Anspitzer

crayon
der Buntstift

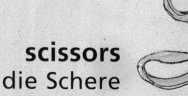

globe
der Globus

scissors
die Schere

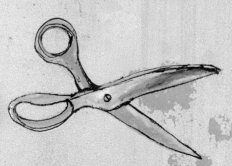

calculator
der Taschenrechner

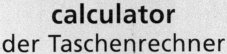

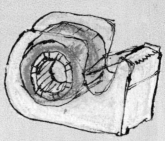

stapler
der Hefter

tape
der Klebstreifen

paints
die Farben

paintbrush
der Pinsel

pen
der Kugelschreiber/
der Kuli

computer
der Computer

envelope
der Briefumschlag

desk
der Schreibtisch

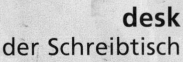

notebook
das Notizbuch

NUMBERS
DIE ZAHLEN

one
eins

two
zwei

three
drei

four
vier

five
fünf

six
sechs

seven
sieben

eight
acht

nine
neun

ten
zehn

SHAPES
DIE FORMEN

hexagon
das Sechseck

rectangle
das Rechteck

square
das Quadrat

oval
das Oval

circle
der Kreis

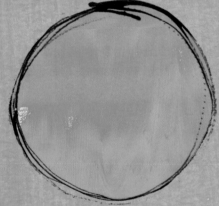

triangle
das Dreieck

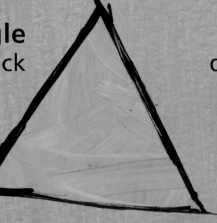

octagon
das Achteck

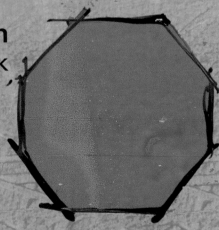

MUSICAL INSTRUMENTS
DIE MUSIKINSTRUMENTE

flute
die Flöte

guitar
die Gitarre

violin
die Geige

saxophone
das Saxofon

bongos
die Bongos

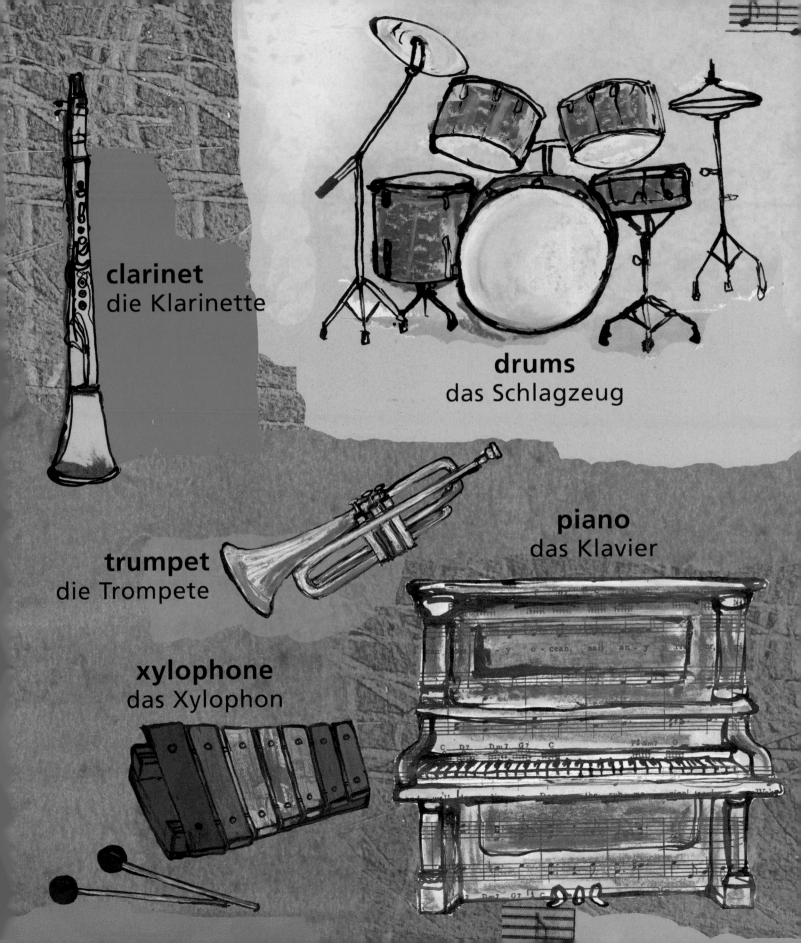

clarinet
die Klarinette

drums
das Schlagzeug

trumpet
die Trompete

piano
das Klavier

xylophone
das Xylophon

SPORTS & GAMES
DER SPORT & DIE SPIELE

skateboard
das Skateboard

video games
die Videospiele

cards
die Spielkarten

**football /
soccer ball**
der Fußball

ice skates
die Schlittschuhe

rollerblades
die Inline Skates/
die Rollschuhe

skis
die Skier

chess
das Schachspiel

baseball
der Baseball

basketball
der Basketball

glove
der Handschuh

bat
der Schläger

American football
der Football

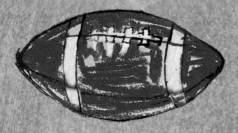

tennis ball
der Tennisball

tennis racket
der Tennisschläger

cricket ball
der Kricketball

cricket bat
der Kricketschläger

TRANSPORTATION
DIE TRANSPORTMITTEL

boat
das Boot

bicycle
das Fahrrad

train
der Zug

car
das Auto

motorcycle
das Motorrad

ambulance
der Krankenwagen

helicopter
der Hubschrauber

plane
das Flugzeug

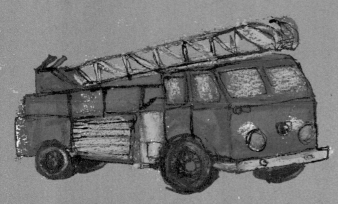

fire engine
der Feuerwehrwagen

bus
der Bus

truck
der Lastwagen

tractor
der Traktor

SEASIDE
AM MEER

ball
der Ball

sky
der Himmel

beach towel
das Badehandtuch

swimsuit
der Badeanzug

beach bag
die Strandtasche

sunglasses
die Sonnenbrille

sunscreen
das Sonnenschutzmittel

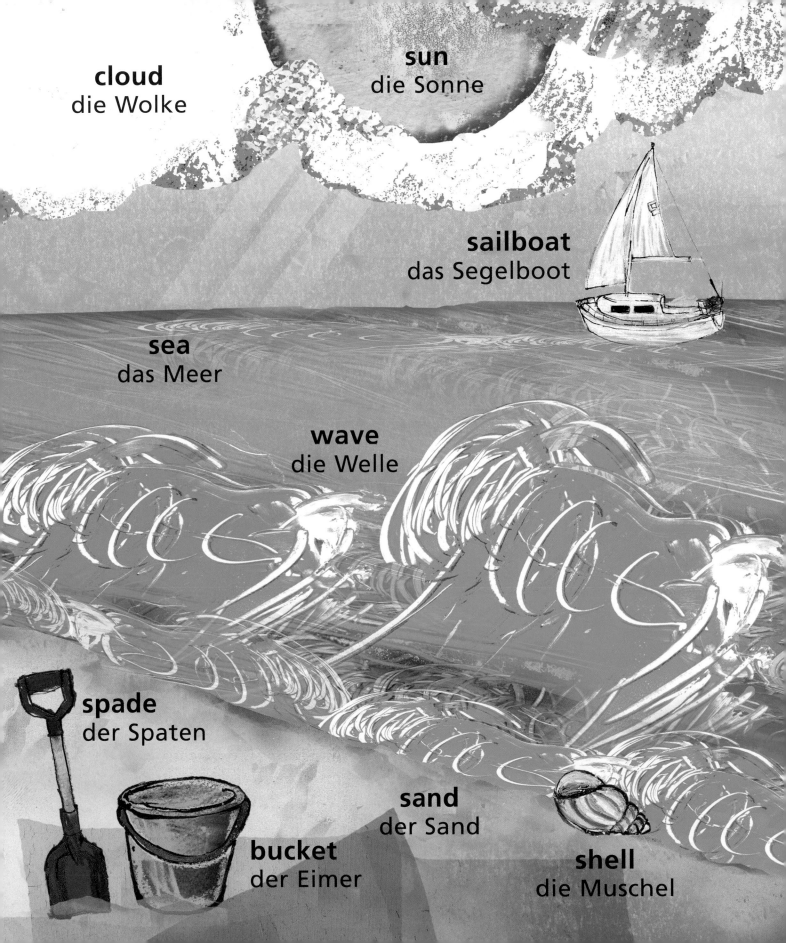

cloud
die Wolke

sun
die Sonne

sailboat
das Segelboot

sea
das Meer

wave
die Welle

spade
der Spaten

sand
der Sand

bucket
der Eimer

shell
die Muschel